Círculo Rojo

CONFESIONES DE ANOCHECER

CONFESIONES DE ANOCHECER

CATHERINE NAVARRO CERA

Círculo Rojo
EDITORIAL

Primera edición: marzo 2024

Depósito legal: AL 571-2024

ISBN: 978-84-1061-876-3

Impresión y producción: Editorial Círculo Rojo

© Del texto: Catherine Navarro Cera
© Maquetación y diseño: Equipo de Editorial Círculo Rojo

Editorial Círculo Rojo

www.editorialcirculorojo.com

info@editorialcirculorojo.com

Impreso en España - Printed in Spain

*Para los que aman intensamente cada día y
sufren en silencio por las noches.*

¿QUÉ ES ESTAR ENAMORADO?

Es sentir un cosquilleo en la tripa cuando la ves. Y no poder dejar de mirarla. Echarla de menos incluso teniéndola delante. Desear tocarla a todas horas, hablar de cualquier cosa, de todo y de nada. Sentir que pierdes la noción del tiempo cuando estás a su lado. Fijarte en los detalles. Querer saber cualquier cosa sobre ella, aunque sea una tontería. ¿Sabes, Rhys? En realidad, creo que es como estar permanentemente colgado de la luna. Con una sonrisa inmensa, sin miedo.

ALICE KELLEN, *Nosotros en la luna*

A lo largo de mi vida he leído cientos de novelas de romance, he visto miles de películas de parejas y he escuchado a un millón de personas hablar del amor. Si un día decides hablar del amor, te darás cuenta de que existen miles de versiones de lo que cada persona considera amar. Verás que muchos lo consideran egoísta, tóxico e insano. Verás que otros lo consideran libre, real, alegre. Muchos te dirán, tal cual, que el amor es una mierda, y otros te dirán que el amor es lo mejor que te puede pasar.

¿Quieres mi opinión?

Enamórate.

Pero enamórate de verdad, dándolo todo, sin miedo a fracasar. Sin miedo al qué dirán, sin pensar en qué pasará después o en que un día acabará.

Enamórate con cuerpo y alma y ama con todo tu ser, porque incluso si un día se acaba, habrás vivido con tanta intensidad que nunca lo vas a olvidar.

Y si te rompen el corazón, vuélvete a enamorar.

Porque te vas a enamorar un millón de veces a lo largo de tu vida.

Y yo no voy a engañarte, seguro que sufrirás, por eso también te enseñaré esa parte. Pero eso no es lo principal, lo bonito es que veas que se puede superar, y que te vuelves a enamorar incluso con más intensidad.

Encontrarás a quien amar, y te encantará.

Porque el día que lo hagas, dejarás de mirar las estrellas por estar mirando la luna.

CONFIESO
QUE
TE
ODIO

LLUVIA

Soñé contigo.
Desperté y estaba lloviendo.
Fue inevitable no hacerlo.
Recordé nuestro primer beso.
Las primeras gotas empezaban a caer.
El frío empezaba a aparecer.
Llevabas la capucha de una sudadera negra.
La noche era oscura.
La luz de una farola reflejaba nuestros cuerpos.
En nuestro lugar favorito.
Y a pesar de la oscuridad,
pude ver tus ojos brillar.
Pude ver tu sonrisa deslumbrar.
Y la lluvia cayó.
Y nuestros cuerpos se unieron.
Y nuestros labios dieron ese ansiado beso.
Sabía a fresas con nata.

Me levanté de la cama, vi la lluvia caer.
Quise soñarte otra vez.

3 A. M.

Son casi las tres de la mañana.
Me he dado cuenta de que te suelo pensar
cada maldita madrugada.
Repito nuestras canciones más escuchadas.
Las palabras que no dije empiezan a quedarse atoradas.
Son las tres de la mañana
y aún no puedo dormir.
Te escribo cientos de veces
versos que llevan tu nombre,
letras que te pertenecen a ti,
mensajes que no llegas a recibir.
Me cuesta cerrar los ojos,
si lo hago solo pienso en tu recuerdo.
Pero
¿qué es lo que digo?
Si los abro y solo te veo a ti.
Ya son más de las tres.
¿Cuándo me dormiré?
¿Cuándo podré dejar de pensarte?
Pero para qué quiero dormir,
si voy a soñar contigo y despertar sin ti.
Y me pregunto en qué momento
dejaré de escucharte en cada canción.
En qué momento dejaré de sentir tu olor.

Han pasado tres horas desde las tres.
Está empezando a amanecer.
Aún no consigo olvidarme de tu piel.

DESPEDIDA

Recuerdo aquella tarde de marzo,
la brisa fresca de primavera,
el sonido del mar en calma,
el sol alumbrando la playa.
Recuerdo escuchar *Un verano sin ti*
y en mi cabeza sonaba un «será así»..
Y así fue.
Recuerdo tus ganas de entrar al mar,
y yo aún helándome de frío.
Recuerdo que dijiste que yo era valiente,
pero yo me veía cobarde por no quererte,
por quererme soltar.
Y sí, esperaba que lucharas por mí,
que me ayudaras a elegir.
Pero no fue así.
Y recuerdo estar tumbada debajo de ti,
y me hiciste abrazarte porque ya no salía de mí.
Me llenaste de besos,
yo me llené de lágrimas.
Recuerdo que agarraste mi mano
y me sentí parte de *Grease* cuando entramos corriendo al mar.
El agua estaba helada, toda la ropa mojada,
Tu risa se me contagió, aunque llevaba un día gris.
Y tú, que tan bien me conocías, dijiste:
«Estás apagada, ¿qué te pasa?».
Aunque tú ya lo sabías.
Nos íbamos a despedir.

¿POR QUÉ?

Miles de preguntas.
Muy pocas respuestas.
Miles de dudas.
Poca paz.
Demasiadas tormentas.
¿Por qué? ¿Por qué yo no?
¿Por qué conmigo no?
¿Y por qué soy así?
¿Es mío el problema?
Y otra vez vuelvo a pensarlo.
No soy la persona que debería ser.
No soy la que solía ser.
Pero esa ya no quiero que vuelva.
Las cosas se destruyen y yo, sin darme cuenta,
me autodestruyo con ellas.
Con las veces a medias,
las noches en vela,
las historias en mi cabeza.
Con un amor que tal vez no me pertenezca.
Con algo que quizás nunca llega.

SE MARCHÓ

Cuando las tormentas impregnaban la ciudad.
Cuando sabía que temía a los truenos.
Cuando días antes era él
quien quería estar conmigo para calmar mi miedo.
Se marchó.
Dejando en mi cabeza los truenos.
Dejando el agua en mis ojos.
Dejando en mi corazón el ruido.
Dejando un vacío inmenso.
Se marchó.
Cuando ya me había hecho quererle.

TODO

Todo te lo llevaste.
Marchaste.
Arrancando de mi corazón cada latido,
guardando en mi recuerdo
cada inseguridad y su motivo.
Te llevaste, entre otras cosas,
mis ganas de querer.
La esperanza que pudo haber.
Y me hiciste ver
que el amor no siempre es lo que parece.
Y dejé de creer
en cuentos de amor y parejas eternas.
Te llevaste cada parte de mí que quiso un futuro contigo,
pero también el futuro que quería para mí.

Dejé de creer, de soñar, de sentir.
Arrancaste mi corazón de raíz.
Dejaste cicatriz.

Me rompiste
y te llevaste cada pedazo de mí.

NO LO HAGAS

Me cuesta explicarlo en palabras.
Escribo poemas que quizás un día leas.
Sé que te acordarás de mí si ves estas letras.
Me cuesta coger el móvil,
pensar en llamarte.
Saber que escribes y no contestarte.
Duele.
Pero, aunque quiera, no debo.
Pero hiere
fingir que nada pasó.

Pero ya no vuelvas, por favor.

Nada queda de aquel amor.
Se fue con la arena de nuestros dedos.
Los que después rozaron tus manos.
Dijeron adiós.

QUÉ FUIMOS

En medio de esta nada
en la que un día fuimos todo.
Me estoy preguntado qué somos.
En realidad, nunca fuimos nada.
En medio de este silencio que antes llenábamos con gemidos,
me pregunto qué nos queda,
¿o ya está todo vivido?
Y si lees este vívido poema sabrás
que es para ti para quien va.
No hay ni habrá nadie más
que entienda el significado de estas letras.

Pregunto qué fuimos.
Si un día era el mejor polvo y al otro
solo cenizas quemadas.
Si, después de días, nuestras pieles se ansiaban.
La historia nunca acababa.
Todo a medias tintas,
nuestra historia media pintada.
Nunca supimos pararlo, tampoco lo quisimos.

Ya no pregunto que fuimos,
o qué somos.
Sé que no queda nada.
Todo terminó aquella última velada.

OLVIDAR

Me gustaría decir que olvidarte fue fácil.
Que nunca te quise.
Que no me enamoré.
Me gustaría decir que te odié,
que mis ojos nunca brillaron por ti.
Que mi cuerpo no se estremecía de solo oír tu voz.
Que mis piernas no temblaban cuando me hablaban de ti.
Que mis labios no querían tus mordidas,
ni mi piel tus marcas.
Que mi sonrisa nunca fue por verte sonreír.
Me gustaría decir que no me importas.
Que nunca soñé una vida juntos.
Que nunca quise ser más en tu vida.
Me gustaría decir que no te recordé.
Que fácil olvidé tu aroma, tus caricias, tus ganas.
Que fácil olvidé tus lunares, tus manías, tu risa.
Que fácil olvidé tu cuerpo, el agitar de tu respiración,
las noches de sexo.

Me gustaría.
Me gustaría decir que nunca mentí al decir todo esto.
Que realmente fue fácil.
Pero mentiría, porque olvidarte nunca he querido hacerlo.

REGRESA

Me devolviste la sonrisa.
La que pensé que no volvería a tener.
Solo te pido.
Regrésa(la) otra vez.

ADIÓS

Adiós, tan sencillo de pronunciar,
tan difícil como saber que en un acto todo puede acabar.
Fácil pensarlo, pero doloroso hacerlo.
Entonces me pregunto
si he hecho lo correcto.
Si realmente estoy esquivando un dolor
o si estoy perdiendo a lo único que quiero.
Si mi destino depende de ello
o si, en realidad, solo estoy suponiendo que un día
romperás mi corazón entero.
Y con eso, solo cambio el rumbo de mi vida
porque amarnos nos dio miedo,
nos quedó corto el tiempo,
nos quedó grande el intento.

No quisimos decir adiós.
Tampoco «quédate, que me arriesgo».

EXTRAÑO

Es extraño
escribirte cada día y que no lo veas.
Y extraño verte cada día,
escaparnos a donde estemos a solas.
Es extraño no poder besarte,
y extraño tus labios por mi piel.
Es extraño no tenerte,
y extraño todas esas tardes,
gimnasio, casa, comida, pelis y sexo.
Es extraño verte cantar en Instagram
y extraño ser a quien cantabas,
estando solos tú y yo.
Es extraño no poder tocarte,
y extraño que hagamos el amor,
aun sabiendo que no era amor.
Se sentía tan bien que lo parecía.
Extraño estar en tu habitación.
Escuchando a Feid de fondo,
sonando esa canción.

Pero, aunque no lleguemos a hacer historia,
juro que no cambiaría nada de todo lo que contigo viví,
porque ni en las playas de California
ni en una noche en París
habría sentido lo que a tu lado sentí.

QUÉ HAGO

Qué hago con todo esto que siento,
que empieza a reprimir mi pecho.
Me llena de dudas,
atormenta mi cerebro.
Qué hago con los besos que no te di,
las caricias que no sentí,
el amor que te pedí.
Con el dolor que habita en mí.

Qué hago con las palabras que no dije,
con el pensamiento de qué hubiera pasado
de haberlas pronunciado.
Qué triste saber que nunca las diré.
Qué triste saber que las que dije
te hicieron alejar.
Entonces, dime
qué hago con cada recuerdo,
cada imagen de tu cuerpo en esa habitación.

Qué hago.
Me he quedado sola con todo este supuesto amor.

INTENTAR

Hubiera dado todo
por todo contigo intentar.
Aun sabiendo
que era más fácil fracasar.

PENSAR

Tú metido en mi cabeza.
Yo metida en un bucle.
Pensarte me desespera.
No tenerte me consume.

APRENDÍ

Conocí cada rincón de tu cuerpo
e intenté conocer cada espacio de tu alma.
Intenté llenar un vacío que alguien más te dejó.
Aprendí y memoricé cada parte de tu ser.
Visualicé tus lunares, tus pestañas,
las marcas y heridas de tu piel.
Visualicé tus miedos, tu pasión,
las marcas y heridas de tu corazón.

Quise apostar por ti.
De nada sirvió.
Aprendí que no eras para mí.
Que esos ojos nunca me mirarían
como yo te miraba a ti.
Aprendí a dejarte ir.

Arriesgué mi corazón,
aun sabiendo que tú no lo harías por mí.

NO DEJO DE PENSAR EN TI

Tu nombre resuena todo el día en mi cabeza,
y esos besos que nos dimos.
Tus manos tocando cada centímetro de mi cuerpo.
Esos besos que dejaste en mi cuello
y en mi rostro.
Tus ojos mirándome fijamente sin dejar de brillar.
El ritmo de nuestros cuerpos al bailar.
Jamás había bailado así.
Jamás me había sentido así.
Tan tuya, pero tan libre.
Tan llena de adrenalina.
El último beso, adiós.
Yo lo sentí.
Sé que tú también.
Me lo dijeron tus labios, tus manos, tus ojos, tu voz.
No nos queríamos ir.

ARTE

Pero siempre te tengo en mi mente.
No dejas de estar presente.
Cuando te extraño, pienso escribirte.
Cuando bebo, pienso en llamarte.

LA MANERA EN QUE TE QUISE

Te extrañé cada día,
cada noche de ese invierno eterno.
Cada maldita mañana que desperté
y tú no estabas para darme un beso.
Te pensé cada hora,
cada segundo.
Te pensé en la cocina,
recordando nuestras recetas.
Te pensé en mi cama,
recordando tus gemidos.
Y eché de menos tu risa,
hacerte cosquillas en la espalda.
Quise retroceder los días,
no hacer aquella despedida.
Y fue raro.
Conocer otra gente.
No tener la necesidad de discutir
y reconciliarnos follando.
No estar llorando y acabar
pensando en huir.

Supongo que esa es la manera en que te quise.

OTRO DÍA MÁS

Otro día más estoy pensándote.
Otro día más me desvelo escribiéndote.
Quizás un día deje de escribir sobre ti.
Otro día he recordado tus besos en aquel sillón.
He recordado tus ojos, mirándome con pasión.
He recordado tu cuerpo recorriendo la habitación.
Otro día más, me pregunto si algún día hemos sido más
que amigos.
Otro día más, me hallo leyendo las canciones que
intentamos escribir,
cantando las que solíamos oír.
Otro día más y vuelvo a pensar en ti.

Pienso en aquella última vez,
solo quise otro día más.

No

Da igual cuánto lo intente.
No te puedo olvidar.
Está perdiendo el sentido intentarlo.
No sirve de nada ocultarlo.

Y aunque tu recuerdo me está matando,
voy a seguirte pensando.

OLVIDÉ OLVIDARTE

Duele, pero creo que lo acepto,
me olvidé de olvidarte.
Olvidé olvidar tus besos, dulces y amargos,
llenos de sal.
Las letras de tu nombre,
hechas para ser pronunciadas por mí.
Tus ojos cristalizados, agua de mar.
¿A quién quiero engañar,
si te pienso y te siento tan lejos?

Recuerdo cada sueño que no cumplimos,
cada lección de vida que nos dimos,
cada vez que pensé que no sería con nadie más que contigo,
cada tontería que dijimos.
Que si me fuera, me buscarías.
Que en otra vida te tendría.
Que si viniera un tsunami, te besaría.
Y olvidé olvidarte,
pero es que hacerlo no quiero,
pero es que, si te echo de menos,
desearía saber olvidar que lo hago.

TODO CAMBIÓ

Se comenta que he cambiado.
Que ya no soy la misma desde que se fue.
Todo va bien y, a la misma vez, mal.
He vuelto a estudiar, pero he dejado el gimnasio,
todos hablan de él allí.
He dejado de escribir cosas felices,
perdí la inspiración.
Ahora todo es triste.
Ahora mis letras llevan su dedicación.

He dejado de ir al pueblo,
a la estación,
a esa playa donde dijimos adiós.
Me he cambiado el pelo,
sé que el rojo le gustaba,
y que le encantaba el perfume que usaba.
Ya no lo uso más, pero si lo huelo recuerdo sus frases,
sus besos en mi espalda.
Si escucho *Friends* recuerdo la primera vez.
Dejé de escuchar a Khea, a Dref y a Wos.
Y si escucho al Ferxxo, solo recuerdo su voz.
Y si llueve, recuerdo aquel noviembre.
Y si hace frío, recuerdo pelear por la manta en el sillón.
Ahora hace sol, ahora el verano es sin ti.

Ahora todo cambió.

SI DECIDES VOLVER

Si algún día decides volver,
hazlo.
Regrésame a donde fui feliz,
pero nunca digas que yo te lo pedí.
Porque ¿qué clase de amor propio tendría
dejando volver a quien me rompió?

Pero maldito amor, extraño y bipolar.
Que me hizo reír y llorar, sentirme viva y morir,
querer irme y volver, amar y odiar,
sentirme niña y adulta, sentirme amada y usada,
sentirme única e insuficiente.

Maldita incertidumbre.

Benditos días de amor y confianza.
Cuando en tus brazos me sentía en calma.
Cuando a tu lado todo parecía fácil.
Cuando me volví tan frágil.
Pero malditas noches que pasé llorando,
pensando que nada era real.
Convenciéndome de que nunca me amarías igual.

Pero si quieres volver, hazlo.

Porque quiero sentirme libre, desatada.
Porque no te quiero de vuelta a ti,
sino a la que era contigo siendo feliz.
Así que, si quieres, vuelve.

Llévame a aquella estación,
a ese pueblo apagado,
el gimnasio olvidado,
la playa apartada,
la biblioteca vacía.

Hazlo, pero olvida que algún día te amé.

No vuelvas

No vuelvas a llamar cuando no tengas con quien contar.
Y recuerda que fui la única que te podía ayudar.
No vuelvas a intentar cambiar mi vida,
ponerla patas arriba.
Y recuerda que ya la cambiabas con tus idas y venidas.

No vuelvas a besar mis labios.
Ya besaste los de otras estando conmigo.
No olvides el amor que te di,
pero no lo pidas de vuelta si nunca fue recíproco.

No olvides lo felices que fuimos,
pero menos olvides cuanto lo jodiste.
No olvides quien te hizo volver a ser tú mismo,
pero recuerda que me perdiste
y que conmigo te llevaste la mejor versión de mí.

Así que quédate con tu indecisión, con ella,
con nuestra despedida.
Quédate con tu falta de amor.
Con lo que tu orgullo te prohíba.

Pero no olvides que una vez te amé,
y tú me obligaste a decir adiós.

AMOR ODIO

Te amo y te odio,
pero odio si te vas
y amo cada vez que estás.
Pero me odio si no siento que me amas
y te amo cuando calmas mi ansiedad.
Pero te odio si no me entiendes,
cuando ni yo logro entenderme,
y digo que es porque me amo
cada vez que pienso en marcharme.
Pero odio si no estás,
odio cuando no quieres estar.
Odio lo fácil que te vas,
pero amo si te quieres quedar,
si dices «sabes que te amo, ¿verdad?».
Amo cuando no quieres marchar,
amo lo fácil que te parece amar.
Odio lo fácil que eres de amar.

QUISIERA SER ESA

Quisiera ser esa a la que le cuentas tus miedos y metas.
A la que llamas un mal día y te alegra la vida.
Quisiera ser esa que te acompaña a bibliotecas,
playas y parques.
Con la que corres por la arena, la que espera trenes
que no volverán a pasar.
Quisiera ser esa a la que le recuerdas,
que tan guapa llega a ser,
cuánto te gustan sus ojos,
cuánto te enganchan sus labios,
cuánto transmite su sonrisa.

Quisiera volver a ser esa, sentirme así otra vez.

RECUERDO

Ya nada es lo mismo.
Me molesta que así sea.
Me tortura que no estés aquí.
Que tengo todo lo que merezco
y aún anhelo las ruinas de nuestro amor.
Que soy feliz con lo que tengo
y aún a veces pienso en cómo se sintió.
Que tengo todo lo que siempre quise
y aún extraño lo poco que me quisiste,
lo poco que se consideraba amor.

Pero recuerdo sentirme tan bien
cuando dormía entre tus brazos.
Y recuerdo llenarme de placer
cuando gemíamos en aquel cuarto.
Y recuerdo ser tan feliz
cuando en la arena nos tumbamos.
Tan triste cuando en la playa nos acabamos.
Pero estando a tu lado,
recuerdo sentirme llena,
recuerdo que me hiciste brillar.

Recuerdo cuando me hiciste apagar.

DUELES

Aún dueles,
aún quema tu recuerdo.
Se marchitan cada uno de tus besos,
me olvido de tus labios.
Se apagaron las miradas,
esas que creí que eran de amor.
¿Dónde está ese amor?
Estoy olvidando tu voz.
Joder, estoy olvidando tu olor.
Tus lunares, tus cicatrices, tus miedos.
Déjame regresar el tiempo.
Sentir tu aliento rozando mi cuello, rozar tu piel,
ver un leve gesto de tu rostro
y tatuarlo en mi memoria a fuego.

Dueles todavía.

DUDAS

Esta situación me enerva.
Poco a poco vas saliendo de mi cabeza.
Pero aún es imposible sacarte de ella.
Pone mucha resistencia.
Mucha abstinencia.

Olvidarte.

No sé si quiero hacerlo.
¿Qué debería hacer?

Te quiero escribir mil mensajes.
Dejarte claro lo que siento.
Quítame las dudas.
Ámame o quiebra mi corazón.
Maldita necesidad de saber qué sientes.
Necesito saber qué quieres.
Te escribo de madrugada.
Confesiones de anochecer…
Borro los mensajes.
Realmente quiero hacerlo.
Que contestes en la mañana.
Solo quiero minimizar el recuerdo
de aquella velada que cada noche me mantiene en vela.

Quiero sacar todo de mi pecho,
aunque quede vacío en el intento.

SI TE PREGUNTAN POR MÍ

Si te preguntan por mí,
no cuentes solo cómo acabó.
No digas cuánto lloré al decir adiós
ni cuanto me pediste que te diera un abrazo.
No les cuentes las veces que te alejaste
ni que no pudimos separarnos,
por más que lo dijimos.
No les digas que te lloré
cientos de noches,
que aún te echo menos,
que creo que tú también
me echas de menos.
No digas que no era nuestro momento,
que no estábamos listos
para algo serio.
No digas que no estaba hecha para ti.

No les cuentes que te dejé ir,
ansiando que lucharas por mí.

No les cuentes solo el final, por favor.

Mejor,
cuéntales que encajamos
como las piezas de un puzle.
Que nos entendíamos sin palabras,
que nos conocimos hasta el alma.

Mejor diles que fui la primera
que te hizo sentir libre,
que nos reíamos de todo
a pesar de estar rotos,
y que juntos nos arreglamos un poco.
Diles que nos quisimos como locos.
Diles que no pudo ser,
pero que siempre te recuerdo.

Cuéntales cuanto te gustaban mis ojos,
el rojo de mi pelo,
mi perfume Black Opium.
Cuéntales cuánto sonreías
si me veías ser feliz,
y que tanto me conocías
que solo con mirarme sabías si estaba herida.
Y sabías hacerme sonreír.

Cuéntales lo bien que sabían nuestros labios,
de nuestros bailes en la cocina,
los besos a escondidas,
nuestras tardes de gimnasio
y hacer en casa el cardio.
Diles que éramos felices
comiendo kebab en el suelo,
viajando en tren por nuestros pueblos,
tirándonos en la playa, aunque fuera invierno.

Diles que sonaba *Friends* en nuestra primera vez,
y que cantabas *California*
como si fuéramos eternos.

Diles que te encantaba tumbarte en mi pecho,
y que te hiciera caricias en el pelo.
Diles que te brillaron los ojos al mirarme,
que te sonrojaste en el primer beso.
Diles que tu sonrisa era mi perdición,
que amaba tu voz,
que me encantaría que siguieras tus sueños.

Diles que aún no te olvido.
Que no lo consigo por más que quiero.
Diles que no se olvida a quien te toca el alma.
Que tú me devolviste la vida.
Que aún me duele tu partida.

NO PUEDO

Estoy pensando de nuevo,
intentando dejar de hacerlo,
arriesgando todo lo que ahora tengo.
He querido olvidarte,
pero no puedo.
Superando tu recuerdo
intento perder el miedo a dejarte ir
por completo.
He querido borrar de mi piel tus besos,
pero no puedo.
Quise empezar de cero.
He intentado todo
con tal de no echarte de menos.
Pero no puedo.

LABIOS

Me perdí en sus labios,
en el lunar encima de ellos.
Labios que besaría todo el tiempo,
sabor veneno.
Son tan adictivos
que con solo pensarlos me pierdo.

TE BUSCO

No voy a negarte
que en ocasiones te he buscado en otros labios.
Que he pasado noches de fiesta
con gente que ni conozco,
solo intentando olvidarte.
Pero bebo y pienso en llamarte.

Miro tu perfil cientos de veces al día.
Ya me sé de memoria tus historias destacadas.
Te busco por todas partes
si salgo por el pueblo.
No me concentro conduciendo
si lo hago por tu ciudad.
Porque pienso que nos vamos a cruzar.
Porque sueño con la idea de volverte a encontrar.

De día te pienso, pero es que, de noche,
te adueñas de todo mi cuerpo,
de todos mis recuerdos, sueños y anhelos.
Te apoderas de mi mente.
Te siento tan cerca y tan lejos que me enerva.
Solo pienso en tus ojos clavados en mí a fuego.
En tus besos y caricias penetrantes.

Te he buscado en otra gente, no lo niego.
Ansío que alguien me haga olvidar tu risa
y me haga enamorarme de nuevo.
Que me hagan sentir orgasmos y olvidar
cada vez que contigo los tenía.

Te he buscado en otra gente,
no lo niego,
pero no puedo sacarte de mi mente.

QUÉ SERÁ

Me pregunto qué será de ti,
si aún te gusta leer.
Si sigues haciendo música
o si alguna canción fue para mí.

Me pregunto qué será de ti,
si aún tomas té cuando te enfermas,
si sigues yendo a entrenar,
si sigues cocinando recetas extrañas.

Me pregunto qué será de ti,
si aún escuchas a Khea,
si sigues aprendiendo a bailar,
si sigues yendo a la playa, aunque haga frío.

Me pregunto qué será de ti,
si aún te llevas con tus amigos,
si sales mucho por el pueblo,
si aún te gustan las batallas de *free*.

Me pregunto qué será de ti,
si aún te gusta el café y echarle kétchup a cada comida,
si aún te cuelas en el tren,
si aún le haces videos al atardecer.

Me pregunto qué será dc ti,
si aún usas el perfume que amaba,
o la camiseta que te devolví
si guardas mi goma de pelo,
si aún conservas nuestras fotos.

Me pregunto si aún te gustan las pelis raras,
las caricias en la nuca,
los besos en el cuello.

Me pregunto qué será de ti,
qué ha sido de mí después de ti.
Me pregunto si aún piensas en mí.

LATIR

Su alma libre cautivó la mía
y se llevó cada latido de mi corazón con su partida.
Ahora necesito tumbarme en su pecho,
llorarle cuánto le echo de menos
y sentir mi corazón latir de nuevo.

ODIO

Odio la forma en que te amé
y odio que nunca me hayas amado igual.
Odio haber sido tan tuya
y nunca haberte sentido mío.
Odio que sepas todo lo que pasa por mi mente,
odio lo bien que me conoces
y que, conociendo mis puntos débiles,
no dudaste en destrozarme.
Odio la forma en que me besas,
cuando te despides para desaparecer
una vez más.
Odio la forma en que me abrazas,
porque siento que en el fondo me extrañarás.
Odio tus idas y venidas,
odio saber que siempre voy a regresar.
Odio que nunca me elijas
y odio que nunca me dejes marchar.
Odio que me hagas creer que te quedas,
odio que creas que no va a funcionar.
Odio que siempre me hagas llorar,
odio que sepas hacerme reír.
Odio la estúpida conexión que tenemos
y odio no tenerla con nadie más.
Odio tu risa y tus suspiros,
tus locuras y delirios,
tus miedos, tus metas
y no estar en ellas contigo.

Odio que no sepas amar,
que sepas que nunca te quise lastimar,
que fuiste mi prioridad.
Odio que por hacerme feliz me dejaras marchar
cuando a tu lado estaba mi felicidad.

Lo odio.
Odio tanto que no tuviéramos la oportunidad…
Odio tanto que echaras todo a perder
cuando yo nos quería arreglar.
Y diría que te odio
por todo el vacío que dejaste en mí.
Pero no puedo odiarte en absoluto. No puedo.

SIN RESPUESTA

¿Dónde estarás?
¿Con quién estarás?
¿Aún piensas en mí?
¿Aún hay oportunidad?
¿Alguna vez me quisiste?
Aunque sea, ¿te importé?
¿O solo fue mi ilusión?

Me ahogo entre preguntas,
entre dudas,
tú no estás.
A veces necesito huir,
siento que no puedo si no estás.
Y hago de tripas corazón
para no caer en la tentación
de escribirte,
llamarte,
buscarte.
De pedirte que vuelvas,
de pedirte respuestas,
De decir que te necesito.
De decirte que nadie
puede ocupar tu lugar.
Y cada uno de mis sueños se rompe
si recuerdo que no volverás.
Y me desvelo cada noche contándole de ti
cada uno de mis versos,
y me pregunto si alguna noche podré dormir
sin pensar un segundo en tus besos.
¿En dónde estarás que no me llevas contigo?

DESORDEN

Llegaste una noche cualquiera,
desordenaste todo mi invierno.
Yo, que odiaba el desorden, el caos,
el ruido y el silencio.
Yo, que estaba tan rota,
desordenaste todas mis piezas,
y fuiste quitando miedos.
Delicadamente, despacio, sin estruendos.
Yo, que estaba llena de ansiedad,
de desorden en mi pecho,
llegaste y desordenaste mi pelo,
mi cama,
mi ropa,
mi tiempo.
Pero armaste mi alma de nuevo.

Desordenaste mi vida con tus partidas.
La ordenaste desorganizadamente
con tus regresos.
Yo ordenaba mis tardes
y acababa desordenando tu piso,
regresando a mi casa de madrugada.

Odiaba la playa y me ordenaba
para no tocar la arena ni el agua salada.
Y tú me hiciste amar entrar al mar,
llenarme de arena y sentir el agua fría.
Yo tenía un perfume para cada ocasión
pero a ti había uno que te encantaba,
y tanto lo use que se gastó,
y ya no lo he vuelto a comprar.

Porque solo me acuerdo de ti.

Y lloraba si recordaba
cuánto me gustaba tumbarme en tu pecho,
sentir tu olor, que aún me causa escalofríos,
sentir tus manos desordenando mi flequillo.

Esos recuerdos desordenan mi cerebro.

Y me pasaba horas en el espejo
y tú desordenadas mi maquillaje con tus dedos,
tus caricias,
tus besos.

Y después de desordenar la habitación
me miraba y pensaba que vaya desastre habías hecho
y tú me decías:
«Qué guapa te veo».

Desordenaste mi corazón, porque
parecía que sí,
pero nunca decías «te quiero».

CULPABLE

Culpable de volverte a pensar,
ahora que el frío invade la ciudad.
Ahora que el frío entra en mi cama.
Culpable de volverte a pensar.

Ya apenas te recuerdo,
aunque a veces pecan mis pensamientos.
Un rato te vuelvo a soñar.
Dicen que ya te superé.
Que tengo lo que merezco tener.
Sé que así es.

Sé que no te olvidaré.
Pero ya no me dañas.
Te pienso con una sonrisa.

LO ACEPTO

Ya lo vi,
que no estás para mí,
que ya hay alguien más.
Que ya no me escribes ni mucho menos me llamas.
Ya lo vi.
No eres para mí.

Sé que nunca será nuestro momento.
Está bien, lo acepto, me duele hacer esto,
pero no pienso arriesgarme de nuevo.

Vale, lo acepto,
no llegarán los besos que no nos dimos,
no volveremos a ver el atardecer en la montaña
o a tirarnos con ropa en la playa,
recorrer bibliotecas,
leerte tumbado en mis piernas.

No volveremos a comer comidas inventadas
ni a comernos de nuevo
ni a ver esas pelis raras que te gustan
ni a bailar en la cocina
ni a tomar café el domingo en la mañana
ni a hablar por horas en la cama.

Que sí, que lo acepto,
no volveremos a hacer juntos la compra
ni a echarnos la siesta después de hacer el amor,
no volveremos a reescribir esa canción
ni a escuchar nuestra canción.

No volveremos a correr por el tren
y nunca llegaremos a viajar en avión,
aunque prometiéramos irnos lejos.

Que vale, que ya lo sé, que lo acepto,
que nadie me conoce como tú,
que no volverás a tumbarte en mi pecho
y no volveré a tocar tu pelo
ni a acariciar tu espalda
ni a llenarte de besos.
Que no besaré tus labios de nuevo.
Que no volverás a decir lo guapa que me ves
ni cuánto te gusta cómo huelo.

Joder, lo acepto.
Probablemente no volveremos a vernos de nuevo.

Ya no podrás decir
que te encanta el rojo de mi pelo,
porque lo he cambiado de nuevo.
Aunque siempre te percataste
de si cambiaba una pizca del color.
Siempre decías lo bien que me quedaba.

Y no entiendo
cómo te fijabas en eso, y no
en cuánto te quise todo ese tiempo.

CULPA MÍA

Culpa mía.
Me fijé en unos ojos que, a pesar de verme,
nunca me llegaron a observar.

CULPA TUYA

Culpa tuya valorarme cuando ya no estaba para ti,
cuando mis ojos ya no brillaban por ti.

CULPA NUESTRA

Culpa nuestra si se nos hizo tarde
pensando que lo nuestro sería suficiente.

BORRAR(TE)

Te he dejado de seguir.
Te he dejado de buscar,
de pensar,
de extrañar,
de llorar.
Borré las fotos y los mensajes.
Me he cansado de esperar.
de rogar,
de recordar.

Hora de borrar(te)

ROTO

Sentí mi corazón romperse más que lo nuestro,
¿pero cómo iba a romperse algo
que ya estaba roto desde que empezó?

CONFIESO QUE NO FUE FÁCIL

QUÉ PASA

Se pregunta constantemente qué es lo que pasa con ella.
Que cada vez que siente que pueden quererla,
solo le demuestran otra vez lo utilizable que puede ser.
Ya se lo decían, quitando toda ilusión:
«No confíes en nadie, van a jugar contigo , te van a lastimar».
Y ella, tan dura que parece, tan romántica que es.
Se muere de ganas de tener un amor como el de los libros.
Es tan frustrante…
Querer entregarse a alguien, pensar
que esta vez podría ser la buena.
Pero no es así.
Solo alguien más para su lista.
Quizás ella en varias listas esté.
Es tan triste…
Ya ni sabe cómo querer.
Quiere amar. Quiere ser amada.
Es joven, lo sabe, y también lo disfruta.
Pero ya empieza a doler.
Le frustra pensar que siempre será así.
De hecho, le aterra. No la soledad,
sino la angustia de pensar…

… que nunca será lo suficiente
como para que alguien
la llegue a amar de verdad.

NOCHES ETERNAS

Tuve noches de ansiedad eterna.
Horas de estar inmersa con la psicóloga.
Tuve noches de no poder dormir,
en las que nadie estuvo para mí.
Tuve pesadillas con todas las cosas que me hicieron.
Tuve desvelos que me impedían vivir.
Noches de anhelo,
en las que nadie me dio consuelo.
Noches en las que sentí que moría.
Y días que nada quería.
Tuve idas y venidas,
constantes despedidas.
Estuve sola, sin contarle a nadie nada.
Me mantuve de pie, pero mis piernas flaqueaban.
No borré mi sonrisa cuando alguien me veía,
pero el brillo en mis ojos no existía.
Tuve noches de charlas eternas.
Noches de envolverme en mis letras.
Noches de pensar en mí, en todo.
Noches de llorar hasta que las lágrimas se secan.
Pero tras noches de decepción.
Un día hacia ti sientes compasión.
Y me abrí los ojos a mí misma.
Eso se acabó.

PASA

Ya pasa
que los días pesan.
Las noches se alargan,
los ojos cansados.
Mañanas tristes, días nublados.
Pasa.
Que sientes que nada te llena,
que todo es un dolor de muela.
Que la vida te avisa,
no vayas tan deprisa,
no temas a la agonía
ni a las malas compañías.
Que de todo se aprende,
y un día aterrizas.
Ya pasa,
que hay que seguir, aunque duela.
Pasa de todo,
que todo pasa.

¿QUIÉN TE VA A ENTENDER?

¿Cuántas noches has pasado en vela,
llorando por cosas que después no te merecieron la pena?
¿Sabes esa sensación de querer decir muchas cosas,
pero al final no decir nada?
Te lo guardas todo.
Y tus pensamientos acaban metidos en un cubo
que derrama cada uno de esos sentimientos.
Porque ya no caben más.
Pero ¿quién te va a entender?
Tal vez muchos, tal vez nadie, qué más da.
¿Acaso es mejor que cargues tú con todo?

Pasé días llorando, encerrada en mi mundo.
Nadie me entendía, nadie podía ayudarme.
Al contrario, cuando alguien me daba su opinión,
me destruía más y más.
Y guardé cada palabra en el interior de mi pecho,
dejando que me ahogaran.
Guardé cada momento en el interior de mi mente,
dejando que sobrepensara.
Acabé conmigo misma por no hacer daño a nadie,
cuando a nadie le importó hacérmelo a mí.
Cuando nadie se preocupó por saber por qué dejé de salir,
por qué dejé las clases, por qué siempre estaba enferma,
por qué dejé de comer, por qué lloraba y me derrumbaba
cada día.
¿Quién me iba a entender cuando soltara todo lo que
llevaba dentro?
Nadie.
¿Qué me iba a importar cuando lo hiciera?
Nada.

ES COMPLICADO

¿A quién debería escuchar?
¿A mi corazón o a mi mente?
No lo sé.
Lo he pasado tan mal, que mi mente solo quiere estar en paz.
Pero también sé lo que es amar,
y mi corazón solo quiere hacerlo una vez más.
Amar de verdad, sin vuelta atrás.
Pero cuando quiero hacerlo, siempre algo sale mal.
Siempre surgen mil preguntas.
¿Acaso estoy haciendo algo mal?
Solo quiero sentirme llena, feliz.
Sentir que alguien siente lo mismo por mí.
¿Eso está mal?
¿O por qué mi mente no deja de repetirme que lo está?
¿Por qué no puedo dejar de pensar que me volverán a dañar?
¿Por qué no quiero confiar?
Pero mi corazón quiere.
Mi corazón ansía hacerlo en realidad.
Confiar, amar, brillar.
Es tan complicado…
Siento la necesidad de querer, de sentir, de llorar de felicidad.
Pero mi mente, mi mente no aguantaría más.
¿Volver a caer? No quiero.
Demasiado he sufrido por amar de manera incondicional.
Pero…
¿y si es diferente esta vez? ¿Y si sale bien?
¿Y qué más da si sale mal?
¿Por qué no me puedo arriesgar?
¿Tanto miedo me da?
Enamorarme es el mejor plan.
Pero también lo peor que me podría pasar.

NO SÉ

Me he perdido tantas veces que ya no sé ni quién soy.
He perdido tanto el tiempo que ni siquiera miro el reloj.
Tantas oportunidades he dado que ya no recuerdo quién las aceptó.
Porque me sigo sintiendo sola,
jodidamente sola.

¿Alguna vez has tenido esa sensación?
¿La de sentirte solo estando rodeado de gente?
Lo das todo de ti, te juntas con varias personas cada día,
perdonas hasta no poder más.
¿Y al final?
¿Quién queda que no seas tú mismo?
Al final, ¿cuántas veces te has perdido a ti?
¿Cuántas veces te has dado una oportunidad?
¿O cuántas veces te has perdonado?
Yo no lo sé.
Porque traté bien a gente que jamás debí haber tratado.
Y por esa gente que no merecía nada, me he tratado mal a mí.
¿Y eso quién lo entiende?
Porque cuando empiezas a centrarte en ti,
te llaman egoísta.
Cuando te alejas de la gente así,
te dirán: «Pero yo siempre estuve para ti».
Yo no sé.
No le creo eso a nadie más.

DEMONIOS

Cientos de demonios en mi cabeza,
miles de pensamientos frecuentan en ella.
Necesito descansar.
Necesito un milagro para dejar de pensar.

Y corren millones de metas,
ideas por mi mente,
pero ninguna llego a completar.
Y corren millones de palabras, frases.
Todas me hieren.
Todas me hacen pensar que es la verdad.

«No eres tú, soy yo ,
mereces alguien mejor, es que no eres para mí,
me gustas, pero…
no puedo enamorarme de ti».

«Eres mala amiga, eres una pesada,
a nadie le importa lo que sientas,
no puedo ayudarte, deja de llorar
tampoco es para tanto, cuánto drama,
mala persona, egoísta».

Así van, día tras día, paseando
por mi cabeza.
No dejándome dormir,
pensando qué está mal en mí,
muerta en vida,
a veces no quisiera estar aquí.

ROGAR

Me hallo rogando, 02:30 h.
En mi cabeza hay mil cosas maquinando.
No dejo de pensar. No dejo de pensarte.
Y me hallo rogando, solo una señal, un mensaje,
una muestra de amor, quizás.
Y quizás es demasiado tarde ya,
y quizás
ni siquiera merezco lo que quiero
o quizás merezco el no tenerlo.
Pero estoy aquí, secando lágrimas que caen por mi mejilla.
No logro dormir. Sigo pensando en ti, en mí.
En lo tonta que me siento a veces, en lo frágil que puedo
ser.
En la idea loca que siempre tengo de amar,
en la necesidad de que alguien me ame igual.
Y, maldita sea, me siento tan jodidamente mal…

Me siento tan vacía, buscando llenar algo que
ni siquiera sé qué es. Pero empieza a doler.
Empieza a dolerme el pecho otra vez,
vuelven la ansiedad,
los desvelos.
No quiero caer de nuevo.
Solo me queda rogar.
Rogar que esto acabe ya.

CONFIESO
QUE
TE
AMO

POR TI

Por ti respiro,
me desespero,
me desvelo
anhelando tus suspiros.
Y suspiro.
Pensando en tus pupilas,
los hoyuelos de tu sonrisa,
el aroma de tu pelo.
Por ti me paso el día imaginando,
pensando, soñando,
creando el arte que me sale al recordarte.
Por ti, cariño.
Por ti daría mi vida, por ti
¿qué no haría?
Por ti, por el veneno de tus labios,
que me embriagan y me empapan.
Que me ha hecho adicta a tu sabor.
Por ti, por cada una de tus pestañas,
por el brillo en tu mirada
que me hizo ver más allá de las estrellas.
Por ti, amor.
Por el tacto de tu piel,
el roce de tus manos,
por la calidez de tus brazos,
la fuerza de tus abrazos.
Por ti, mi vida, por ti, ¿qué no daría?
Si por ti caería y me levantaría,
te buscaría y rogaría
que nunca te alejases de mí.
Por ti.
Me enamoro, quiero, sueño, pienso, anhelo,
creo, siento, amo, vivo, muero.
Por ti.

TODO

Todo te entregaría de mí
a cada parte de tu ser.
Desde mis risas más sinceras
hasta mis llantos inusuales.
Desde mis sueños irreales
hasta todas mis metas y planes.
Todo te contaría a ti.
Desde mis fantasías más locas
hasta mis secretos más profundos.
Desde mis recuerdos de niña
hasta mis miedos más oscuros.
Todo lo cumpliría contigo.
Todas las promesas que nunca pensé decir
las cumpliría por ti.
Toda mi alma te entrego
y mis dedos han hecho un juramento con tu piel.
Todo te daría.
Si la luna pudiera entregarte, lo haría
y pondría tu nombre a la más bella estrella.
Todo apostaría.
Todo perdería.
Todo el tiempo te daría.
Todo ganaría.
Estando junto a ti.

HAZME

Hazme lo que quieras hacer,
pues has hecho de ti una parte de mi ser.
Hazme el amor o fóllame,
pero hazme temblar otra vez.
Hazme sonreír y reír,
aunque con solo mirarte soy feliz.
Hazme cosquillas, aunque no me gusten,
porque ya sabes dónde las tengo.
Hazme la comida y la cena,
aunque no la comamos y acabemos comiéndonos.
Hazme ver pelis de terror,
solo para abrazarte cuando tenga miedo.
Hazme bailar en la cocina,
porque cuando lo haces me estremezco.
Hazme maquillarme por gusto,
porque al final lo quitarás con tus caricias.
Y hazme sentir una niña
cada vez que en mi frente dejas un beso.
Hazme escribirte cientos de veces,
porque es el arte de tu cuerpo el que crea mi talento.
Hazme escuchar las mismas canciones mil veces,
aunque no admitas que las letras te recuerdan a mí.
Hazme entrelazar nuestros dedos,
besar cada parte de tu cuerpo.

Haz lo que quieras hacer,
que ya es tuyo todo mi ser.

SUYA

Suya porque tocó mi piel
con la delicadeza que no tocó nadie.
Pero también tocó mi alma.
Suya porque su sonrisa
se volvió el motivo de la mía
y la causa de mis desvelos.
Porque su mirada cálida
devolvió el brillo a mis ojos,
hizo dilatar mis pupilas.
Suya porque me hizo adicta
a sus labios, a sus ojos, a su piel.
A la forma en que me ve,
a su manera de querer.
Adicta a que me bese en los semáforos,
a que toque mi mano cuando conduce.
A que me abrace con fuerza,
a que apoye en mi hombro su rostro,
a que me agarre con firmeza.
Porque me hace confiar.
Saber que no voy a caer.
Adicta a su mente y a su corazón,
porque vi a través de él,
y él creó la mejor versión de mí.
Suya porque vio la desnudez
no solo de mi cuerpo,
también la de mi alma.
Deja huellas en mi piel,
de esas que nadie logra ver,
las que nunca se borran.

Suya soy.
Eternamente lo seré.

SI TE ENAMORAS, PIERDES

Dijeron «si te enamoras, pierdes»
y dije «el amor no es para mí».
Reí.
Perdí.
Y perdí de la mejor forma que puedes perder.
Le perdí el miedo a querer
cuando en aquella playa soleada
lo miré y preguntó «¿qué?»,
y solo pude pensar que
si enamorarse es perder,
no se imaginaría cuánto perdí por él.
Y perdí la noción del tiempo,
entre besos y caricias que me recordaron
lo sencillo que es querer.
Y yo, que no quería atarme,
me amarré a sus brazos como si fueran mi ancla,
me perdí en sus ojos como si de constelaciones se trataran.
Me perdí escuchando su voz,
por seguirla hubiera caído al abismo.
Me perdí en sus manos,
en lo dulce de sus besos, en sus dedos por mi pelo.
En la probabilidad de que sea eterno.
Así que sí,
si enamorarse es perder,
todo lo perdí.
Todo lo gané con él.

OJOS DE MIEL

Hice un juramento
aquella noche oscura de invierno:
no volver a caer.
No volver a enamorarme.
Un día juré algo que nunca cumplí:
me enamoré de unos ojos de miel.
De unas pestañas largas,
una mirada rasgada.
Los ojos más hermosos que vi.
Los que contrastan el amarillo con el verde
cada vez que el sol se ilumina en ellos.
Y cuando irradian sus pupilas,
son mis ojos los que brillan.
Y mi alma empieza a vibrar.

¿QUÉ?

Amo esos momentos,
tumbados en la cama, cuando tus pupilas se dilatan.
Cuando nos miramos fijamente,
el mundo se detiene.
Tus ojos brillan y se ilumina mi alma.
Y entre sonrisas y abrazos siempre preguntas:
«¿Qué?».
Como si algo pasara por mirarte con amor.
Y sé que no pasa nada, pero, en realidad, todo pasa.
Lo que pasa es que te amo,
que te miro y no imagino encontrarme en otros ojos.
Que no imagino besar otros labios.
Que no imagino tocar otras manos.
Lo que pasa es que en ti
encontré el amor.

Y te quiero de lunes a domingo,
te quiero para desayunar cada mañana,
y desearte dulces sueños cada noche.
Pasa que a tu lado los sueños
lucen más alcanzables
y la vida es extrañamente más agradable.
Pasa que dibujas mis sonrisas
y te apoderas de mi risa con tus chistes malos.
Pasa que no te cambiaría por nada.
Pasa que nada me imagino sin ti a mi lado.

Y cada vez que preguntas «¿qué?»,
yo respondo «nada»,
y pienso
que eres todo lo que necesitaba.

QUÉDATE

Quédate esta noche.
Que a tu vera nada es complicado.
Quédate mañana.
Hazme desayunar o desayunarte.
Quédate otro día.
Y hazme olvidar a besos en qué día estamos.
Quédate esta semana.
Recuérdame por qué amo tanto estar contigo en la cama.
Quédate otro mes.
Y hazme tocar el cielo cada vez que piso la habitación.
Quédate más tiempo.
Hazme quedar sin aliento en el calor de tus abrazos,
que calman mi invierno.
Quédate una y otra vez.
Y lléname de caricias para sentir tu tacto.
Quédate cuando quieras.
Que el tiempo es efímero,
y yo me muero porque seas eterno
entre mis manos.

BÉSAME

Bésame sin miedo.
Con ganas y ansias.
Bésame como si fuera
la última vez que pruebas mis labios.
Sin preocupación.
Como si pudiéramos poner pausa al reloj.
Porque yo pararía el mundo
con tal de quedarme en tu boca.
Bésame hasta quedarnos sin aliento,
hasta perder la noción del tiempo.
Hasta que se aclaren los sentimientos.
Bésame y lléname de deseo.
Bésame y nunca olvides ese recuerdo.
Bésame y no dejes de hacerlo,
que tus labios me dieron la certeza
de que existe el sabor del éxito.
Y excítame con tus besos,
que me embriaga el sabor dulce de tus labios.
Bésame con pasión.
Bésame por adicción.
Porque yo me volví adicta a la delicadeza del tacto
cuando nos besamos.
Bésame, y no dejes de hacerlo,
porque nadie da tus besos.
Bésame.
Que tu boca se volvió mi comida favorita,
y tus labios mi lugar seguro.

EXCEPCIÓN

Eres la maldita excepción.
La excepción de todas mis reglas y acuerdos.
La excepción de todo a lo que dije que no,
y que ahora a todo contigo sí.
La extraña consecuencia de algo tan inoportuno.
La bonita causalidad de algo ojalá muy duradero.
Y eres
eso a lo que miro con las ganas de que sea esta
la última vez que miro así.
A través de mí. A través de ti.
Y eres esa excepción, la cual rompe mis esquemas.
La que quema mi piel con su tacto.
Que me hace soñar despierta,
y dormirme entre sus brazos.
Que me hace desvelarme pensando,
y querer preguntar tanto.
Y eres esa excepción.
Y nunca me quejaría de que seas excepcional.

UN BAILE

Pienso en ti, días seguidos.
Recuerdos leves, recuerdos húmedos, recuerdos reales.
recuerdos que quisiera volver a disfrutar.
Añorando tus manos sobre mi cuerpo,
sueño que te tengo, me tocas y me estremezco.
Anhelando que vuelvas a besar mi cuello,
repito en mis sueños esos besos.

El calor, el sudor, la emoción.
Los recuerdos de ese baile invaden mi mente
constantemente.
Rodeados de gente, solo estábamos tú y yo.
Era imposible no sentir.
Recuerdo tu lengua enredándose a la mía.
El dulce sabor de tus labios mezclados con la cerveza.
Mordiendo mis labios, rozando mi mandíbula.
No íbamos a follar, mucho menos a hacer el amor.
¿Acaso importaba?
Yo sentí que me moría por ti, tú sentiste lo mismo por mí.

QUIERO MÁS DE TI

Quiero más de ti,
mucho más de cada espacio de tu ser.
Quiero más de ti.
Porque lo efímero no va conmigo
y quiero que perdure siempre el idilio.
Quiero más de ti,
de tus labios por mi piel,
de tus dedos por mi espalda,
de tu risa cerca de mi oído.
Quiero más de ti,
porque no hay forma de salir ilesa
de esta situación.
Porque mi cuerpo ruega tu atención.
Porque pensarte me causa delirio,
pero tenerte me causa ilusión.
Quiero más de ti.
Más de tu sexo, que ya es mi perdición.
Más de tus besos, que ya son mi elixir.
Quiero mucho más.
Quiero llenarme de ti.

QUÉDATE CONMIGO

Ya se me ha hecho costumbre
mirarte y pensar que ojalá sea para siempre.
Verte y sentirlo,
que el mundo se detiene.
Confesarnos con miradas.
No necesitar palabras.
Y de pronto esa sensación,
la de que el mundo me sonríe más estando a tu lado.
La de aceptar que, joder,
cuánto te amo.
Cuánto daría por permanecer a tu lado.
Y me enamoré.
Confié y creí.
Y cada día te diría:
«Quédate conmigo».

DOS

Si dos miradas se cruzan
es porque algo buscan.
Si dos cuerpos se acercan
es porque algo los junta.

MAGIA

Magia sentí al besar tus labios.
Magia sentí cuando encajaron nuestras manos.
Magia sentí cuando contigo volví a sentir.
Sentí emociones que había olvidado.
Magia fue mirar a través de tus ojos.
Atentos por verme entrenar.
Magia sintió mi cuerpo
cuando nuestra magia nos hizo brillar.
Magia sentí con cada beso.
Con cada vez que tocaste mi pelo.
Magia sentí cuando tus brazos
no me quisieron soltar.
Magia fue aquella noche estrellada,
bajo la luz de la luna,
acercando nuestros cuerpos despacio,
cuando tus labios me hicieron sentir
que si la magia existe, es junto a ti.

NO EXISTEN LAS CASUALIDADES

No existen.
Y conocerte a ti fue la certeza que necesitaba.
Y entre todas las personas.
Entre todas las miradas.
Fueron nuestras almas. Fuimos nosotros.
Fuimos todo un maldito fuego.
Y eso no puede ser casualidad.

EL CHICO DE LINDA SONRISA

Iluminaba cada parte de la sala
el chico de linda sonrisa.
Todos le hablaban, se veía
que cualquiera querría saber de él.
Mira a través de los espejos,
agacha la cabeza cuando lo pillo.
Toca su pelo y sonríe.
Y yo me conmuevo.
Me acerco a él
casi por inercia.
Como si nuestros cuerpos se atrajeran
como imanes de nuestra energía.
Y cuando me mira
se me ilumina la vida.
Porque sus ojos brillan
y su risa me inspira.
El chico de la linda sonrisa.
Que me hizo pensarle día tras día.
Que causó de nuevo mi alegría.
El que iluminó una parte de mi vida.

INSPIRACIÓN

Cuando ya nada quise conseguir,
no quedaban ganas de sentir
ni de escribir,
llegaste tú.
Llegaste a hacerme sonreír.
A devolverme las ganas de vivir.
A recordarme todo lo que unas letras
pueden conseguir en mí.
Fuiste mi inspiración.
Fuiste mi perdición.
Fuiste una ola de aplausos
cuando acaba la función.
Fuiste un solo de guitarra
cuando creí que la canción había acabado.
Fuiste una obra de romance
cuando pensé que el teatro estaba cerrado.
Fuiste una coma en eso que
parecía un punto final.
Fuiste un rayo de sol
en medio de una tempestad.
Fuiste tú.
Fue mi decisión.
Ahora todas mis letras
van dedicadas a ti.

VOLVERME A ENAMORAR

Volverme a enamorar me dio miedo
hasta que tu sonrisa cautivó mi alma.
Hasta que escuché tu risa
haciendo cosquillas en tu espalda.
Volverme a enamorar me asustaba
hasta que vi luz en tu mirada.
Y estando a un centímetro de ser todo,
no le temí a nada.
Volverme a enamorar me atemorizaba,
pero la paz de tus ojos me llenaba.
Y al ver que por mí buscabas,
entendí que amar no te asustaba.
Y eso quitó mi miedo.

SÉ MÍO

Hasta que la noche se acabe.
Hasta que el sol vuelva a salir.
Hasta que la luna vuelva a brillar.
Cada día así.
Hasta conocer cada lunar de tu cuerpo.
Hasta perderme en tus ojos.
Hasta crear nuestro mundo.
Hasta olvidarnos del resto.
Solo sé mío.
Hasta que acabe nuestra canción.
Hasta poder sentir toda emoción.
Hasta que termine la función.
Hasta acabar nuestro guion.
Solo sé mío.
Hasta que acabe el concierto.
Hasta acabar nuestra canción.
Hasta que cumplas tus metas.
Hasta que a tu lado se cumplan mis sueños.

LABIOS

Me perdí en esos labios.
Dulces, llenos de pasión.
Labios que besaron mi alma
y envenenaron mi cuerpo.
En los lunares cerca de tu boca.
En los que ansío otro beso.
Tus labios.
Son tan adictivos
que con solo pensarlo me pierdo.

ERES TÚ

Eres tú hoy
como lo fuiste ayer y hace un mes.
Eres tú a las tres de la mañana,
a las cinco de la tarde.
En las largas madrugadas,
en las tardes soleadas.
Eres tú cuando río, eres tú cuando lloro.
Eres tú cuando el aire me falta.
Eres tú cuando mi energía gana.
Eres tú, siempre has sido tú.
Sí, eres ese amor incondicional.
El que no esperas que llegue y llega sin avisar.
El que rompe tus esquemas,
el que hizo de tu sonrisa mi bandera.
Y sí, eres tú con quien quiero caminar.
Con quien quiero pasar mis guerras,
quien quiero que sea mi paz.
Eres tú, siempre lo serás.
El que hizo que viviera, que sintiera,
que me vuelva a enamorar.
Y eres tú, tu inteligencia,
tu energía, tu serenidad.
Eres tú, tu risa, tus ojos, tu pelo.
Eres tú.
Mi calma, mi felicidad, mi causalidad.
Tú.
Mi brújula, mi guía,
el ancla de mi barco que por ti quiso zarpar.
Eres.
Fuiste,
Serás.
Tú.

MENTIR

Para qué voy a mentir
cuando digo lo que siento,
si hasta el más ciego se percata
de que mis ojos nunca miraron a alguien así.
Para qué voy a mentir y decir que no te quiero
si te quiero cada día,
en cada atardecer,
cada vez que tus labios rozan mi piel.
Para qué voy a mentirme,
intentar ocultar algo imposible de no ver.
Que me muero por tenerte,
por amarte,
llenarte de mí.
Para qué mentir si te has apoderado de mí,
de mis sueños, mis pensamientos y mi realidad.
Y para qué voy a mentir
si me hechizaste en cuerpo y alma,
haciéndome sentir la magia de un cuento de hadas.
Y ya, para qué voy a mentir.
Estoy perdidamente enamorada de ti.

MÍRAME

Mírame, así como solo tú sabes.
Mírame.
Hazme estremecer con una simple mirada.
Con esos ojos llenos de lava.
Con esas ganas acumuladas.
Mírame.
Pero hazlo despacio, sin prisa.
Mira hasta donde llegue tu mente,
hasta donde tu cuerpo se tiente.
Y mírame así.
Con esas miradas que hablan todo
lo que los labios se callan.
Con ese brillo que no se apaga.
Y mírame sin miedo,
sin miedo a que tus ojos digan mucho,
mucho más de lo que te atreves a hablar.
Mírame con esa ilusión,
con el mismo fulgor.
Con la luz de unos ojos que irradian emoción.

BÚSCAME

Quiero que me elijas.
Que te quedes.
Que me busques.
Quiero que me busques en cada canción,
en cada recuerdo,
en cada sentimiento.
Quiero que me busques, porque no puedes perderme.
Porque yo no puedo encontrarme.
Que me busques y me encuentres en la playa
rogando al cielo por tus besos,
rogando a la arena por sentir tu tacto.
Quiero que me busques y te encuentres,
a la que pasa noches en vela recordando un día a tu vera.
Quiero que me busques y conozcas
a la que habla de tu sonrisa como la octava maravilla.
A la que habla de tus ojos como de luceros.
Quiero que me busques y en tus ojos diga que sí.
Que has venido a buscarme.

EL CHICO DE LA GORRA

Llega en silencio.
Despacio, pero llamando la atención.
Gorra puesta y Monster en mano.
El morado le sienta genial.
Así se adueña de mi vista.
Así entra en mi corazón.
El pelo despeinado.
Los ojos cansados, pero vivos.
Y el brillo en su mirada al verme pasar.
¿Esto está pasando?
Pero ni siquiera lo conozco.
¿Me ha sonreído a mí?
Qué sonrisa tan bonita.
Pero sus ojos,
sus ojos se apoderaron de mí.
¿Cómo es posible que me mire así?
Me lleno de ganas de saber de él.
Me encuentro con su mirada,
me provoca mariposas.
Escucho su voz,
creo que puedo levitar.
¿Dónde está?
Pregunto y lo buscó si no está.
Se acercan nuestros cuerpos
y mi mente echa a volar.

CÁNTAME

Cántame despacio,
hazlo en mi oído,
nuestras canciones favoritas.
Cántame bajito
mientras estamos cocinando
o cuando hacemos el amor.
Pero cántame, que amo tu voz.

TÚ

Tú que tienes cientos de inseguridades.
Yo que, sin hablar de ti, te menciono en cada letra de
amor,
y todos lo saben, que eres motivo de mi inspiración.
A ti te daría mis ojos para verte como yo te veo,
te daría mis manos para que sientas cuanto te deseo,
te daría mi boca para que hables de ti hasta lo que aún
callo.
Tú, que tienes tanto miedo que te invade.
A ti te daría mi corazón aún dañado
para que sientas que por ti late.
Te daría mi mente para que veas cuánto te pienso.
Te daría mi alma para que sepas cuánto te amo.
Tú, que tienes tantos tormentos.
Te daría la paz que siento en tus brazos,
te daría la calma que me dan tus besos.
Tú, que aún sientes que vas a caer.
Te daría mis piernas para que andes.
Y si el oxígeno te falta, te daría mi aire.
Tú,
que tienes tantas dudas,
y yo, que las arrancaría todas de cuajo.
Tú,
que tienes todo el poder de destruirme;
yo, que solo quiero construir a tu lado.

NADA

Nada es para siempre.
Nada dura eternamente.
Eso dice la gente.
Eso dice el que no sabe qué es tenerte.
Quien no sabe qué es quererte.
Quien no entiende que de amor se vive.
Quien no sabe que yo te amaré
hasta mi último aliento,
mi último suspiro,
mi último latido.
Y si tuviera que elegir
entre tu vida o la mía,
elegiría la mía,
porque mi vida serás tú eternamente.
Y si nada es para siempre,
yo quiero dártelo todo y que seas tú mi nada.

INSTANTE

Solo bastó un instante,
dos palabras y ocho letras.
Ya lo sabía, sería tuya para siempre.
Solo bastó un instante,
una mirada y una sonrisa nerviosa,
el momento exacto en que lo supe,
te amaría eternamente.
Solo un instante,
un minuto, sesenta segundos viéndote,
me he enamorado hasta los huesos.
Desde aquel instante, todo te pertenece.
Mis latidos, mis nervios, mis sueños.
Solo bastó un instante para que en mi vida
solo existiera tu nombre en mi vida.

OBSESIÓN

Obsesión con tu olor,
no solo el de tu perfume, también el de tu cuerpo.
El que se queda en mi piel cuando marchas.
Obsesión con las ondas de tu pelo,
con la costumbre de enredarlo en mis dedos.
Obsesión con tus besos,
con el sabor de tus labios.
Con las suaves caricias llenas de deseo.
Obsesión con tu cuerpo,
con el arte de un monumento.
Obsesión con tus manos
agarrando suave mis caderas,
tocando delicadamente mi rostro.
Obsesión con el sonido de tu voz,
de tu risa,
tus gemidos.
Obsesión con la forma en que miras,
con el brillo en tus ojos,
las ganas de tu mirada.
Obsesión con las vistas de tu espalda
cuando estás entre mis piernas.
Con las vistas de tu abdomen
cuando estás dentro mí.
Obsesión con follar contigo,
por llenarte de placer.
Obsesión con hacerte el amor
para que solo ames una vez.

MADRUGADA

Si tan solo supieras
que en las madrugadas que no duermo
puedo escribirte cientos de versos,
aunque cuando preguntes diré que no hago nada.
En mis noches de desvelo,
te canto en cada canción,
te recito en cada cuento,
te pienso hasta que se agota mi cuerpo.
En las madrugadas que no duermo,
ya no pienso y sobrepienso en cada problema que tengo.
Solo pienso en tu risa, tu cara, tus besos.
En hacerte el amor y atarte permanentemente a mi cama.
En dormir abrazados, pelear por la manta,
quejarnos del tamaño de la cama.
En las madrugadas que no duermo
me desvelan los recuerdos de tus manos en mi cuerpo,
de tus besos por mi frente,
de tus nervios al verme.
Me desvelan los momentos que me encantaría vivir
contigo
y todos los que ya vivimos.
En las madrugadas que no duermo,
desearía que fueras tú quien me hiciera no dormir.

CONFIESO QUE TE AMO

Te amé sin miedo,
sin dudas,
sin peros.
Te amé sin buscarlo,
sin prejuicios,
sin complejos.
Y te amo.
Como el pintor ama sus pinceles,
sus colores, sus lienzos.
Pero fuiste tú quien dibujaste estrellas
en mi cielo.
Yo te amo.
Como el cantante ama la música,
las sintonías y las rimas.
Pero fue el sonido de tu risa
el que dio ritmo a mi vida.
Yo te amo.
Como los escritores aman las letras,
la ficción, la capacidad de crear otra realidad.
Pero fuiste tú quien me hizo imaginar,
escribir, visionar.

Pero yo siempre te voy a amar.

MI BUEN AMOR

Si en ti encontré amor,
¿por qué debería dejar que se apague?
Si en ti encontré la paz,
¿por qué debería dejar que se acabe?
Sí me encontré a mí misma en ti,
¿por qué querría volver a perderme?
Si tenerte a ti es tenerlo todo,
¿cuántas cosas cambiarán sin ti?
Si antes de ti, el amor me sabía a poco,
y nada quería de él,
a sabiendas de que en su nombre lo esperaba todo.
Y apareciste tú, quitándole el nombre al amor,
poniendo en su lugar el tuyo.

El de mi buen amor.

ENAMORARME

Me enamoré perdidamente de ese hombre.
De tal forma que pienso que nadie nunca
podrá tomar su lugar.
Me enamoré como cuando los niños
descubren por primera vez el sentimiento del amor
y solo sienten felicidad.
De una forma en la que sientes alegrías en el alma.
Me enamoré como quien escucha por primera vez
las melodías de una canción y queda
fascinado ante semejante obra,
Como quien ve un cuadro abstracto y,
aunque no lo entienda del todo,
le encanta.
Como quien lee poemas y los versos le llegan al alma.
Me enamoré de la forma más tonta, de la forma más pura.
De la forma en la que amas intensamente.

Y él
me hizo enamorarme del arte de su sonrisa,
de la melodía de su voz, de la obra de sus ojos,
de su alma y su pasión.
Él, que me hizo dedicarle cientos de poemas.
Que con su luz me cautivó.

Todo lo que quiero.
Todo lo que siempre soñé.
Todo lo que buscaba y sin buscarlo,
lo encontré a él.

SABOR

Besé sus labios, sabían dulce,
me supo a felicidad.
Me supo a amor, a eternidad,
a estabilidad.
A una oportunidad.
Me supo a noches de placer
y risas eternas.
A planes de futuro, metas.
Me supo a éxito, creatividad.
Un sueño hecho realidad.
Los últimos labios que quiero probar.
Los únicos besos que quiero recordar.

ENTREGARTE

Te lo he entregado todo.
Cada parte de mi ser, que solo me pertenecía a mí,
ahora también te pertenece a ti.
Todo eso que siempre cuidé,
todo por lo que siempre dudé,
tú agarraste el miedo y lo lanzaste lejos,
y en tus manos se quedaron mis sueños,
mis pesadillas, mis metas, mis anhelos.
Todo tienes bajo tu poder.
Que te odie o te ame.
Cuidarme o destruirme.

Pero, cariño, si tuviera que sufrir de amor,
o destrozarme el corazón hasta quedar en ruinas,
sería un placer ser destruida por ti
y entregarte a ti mi vida.

CADA CIUDAD

Quiero recorrer cada ciudad del planeta
agarrada de tu mano.
Perdernos en callejones
y encontrarnos en un abrazo.
Perder los trenes y correr por estaciones
que nunca habíamos pisado
y reírnos al recordar que nos colamos.

Quiero discutir por no saber qué comer
y que nos comamos a besos
antes de elegir qué hacer.

Quiero sentarme en parques
donde pueda verte reír,
aunque el césped me dé comezón.
Pero sé que te encanta la naturaleza,
que eres libre allí.

Quiero recordar tu risa
cuando nos hablen en otro idioma
y tú no sepas qué responder.

Quiero recordar Verona
como la ciudad que vio sellar nuestro amor.
Y pensar en esa noche en Venecia
cuando me hablen de cuentos de princesas.

Quiero recorrer cada calle de día
y en la noche cada parte de tu piel.
Y quiero despertar a tu lado,
llena de besos y caricias que me hagan estremecer.

Alegrarme al pensar en cada ciudad
que vio nuestro amor crecer.

ÉL ES ASÍ

Como un café solo en la mañana.
Un rayo de sol al abrir la ventana.
Como un último chupito de madrugada.
Él es así.
Un chute de energía,
un rayito de luz.

Él es así.
Como el postre después de la comida.
Como una canción que escucho siempre.
Como el chupa-chups de fresa y nata.
Así me encanta.
Así me atrapa.

Él es así.
Como un abrazo antes de dormir.
Como un beso en la frente.
Como buscar la mano del otro al caminar.
Así me llena de amor.
Así se siente la felicidad.

Justo aquí, junto a él.

ASÍ SE SIENTE EL AMOR

Así se siente el amor.
Como cuando me besas después
del chupa-chups de fresa y nata.
El dulce impregna tus labios,
atrae a los míos.
Como cuando huelo tu perfume en mi ropa.
Recuerdo tus brazos rodeando mi cuerpo.
Como cuando cruzo sin mirar,
tú miras y me tiras hacia atrás.
Como cuando cepillas mi pelo,
aunque luego me vayas a despeinar.
Como cuando besas mi boca,
aunque se te pegue mi labial.
Como cuando me buscas de madrugada
mientras dormimos
para poderme abrazar.
Como cuando me echas la bronca
por no hacer lo que debo,
pero me ayudas con lo que
no tiene que ver contigo.
Como cuando me haces cosquillas
para que me ría,
pero paras cuando empiezo a pasarlo mal.
Como cuando me compras comida sin preguntar.
Como cuando recuerdas que compro cosas
solo por tener forma circular.
Como cuando me dices lo mucho que me amas.

Así se siente el amor.
Así se siente la felicidad.
Aquí me quiero quedar.

DESTINO

No creía en el destino,
pero te conocí y entendí
que si no funcionó con nadie más
es porque somos el uno para el otro.

Tú me esperaste y yo siempre esperé tu amor.

TE ELIJO A TI

Hoy te elijo a ti.
Con la certeza de que
no necesito buscar a nadie más mañana.
Te elijo con la certeza de que también
lo haré dentro de un mes, de un año, de diez.

Con la sencillez de encontrar el amor
acurrucada entre tus brazos,
tumbados en nuestra cama
mientras que entra el sol por la ventana.

Y ni el mismísimo sol tiene la luz de tu mirada.

Hoy te elijo a ti.
Porque quiero despertarme así cada mañana,
con un «buenos días, amor»
entre besos y caricias,
sentir cómo me pegas a ti.
Entre risas y placeres.

Hoy te elijo a ti.
Para que siempre me preguntes
si quiero café para prepararlo como me gusta.
Para que siempre hagamos crepes,
y desayunemos viendo videos que dije que no vería

Hoy te elijo a ti
para que me digas lo bien que me veo al despertar.
Para que me llenes de ilusión con un «te quiero»
y de felicidad con un «me encanta esto».

Hoy te elijo a ti,
hoy y siempre, mi amor.

COLORES

El azul es mi color favorito.
También el tuyo.
Pero si veo verde y amarillo,
me acuerdo de tus ojos,
el marrón me recuerda a los rizos de tu pelo,
el negro a la noche del primer beso.
Me encanta el rosa de tus labios,
y el magenta de aquel atardecer
cuando me enamoré de ti.
El rojo me recuerda a las primeras flores,
los besos que te doy con mi labial,
a tus mejillas cuando te pones nervioso.
El gris me recuerda a tu coche,
a todas esas charlas de noche,
a los «ten cuidado»,
al primer «te amo».

HABLANDO DE AMOR

Si me hablaran de amor,
te mencionaría en cada frase.
Diría tus abrazos en la definición de
cariño,
y nuestros besos serían ejemplo
en la definición de
amor.

Si me hablaran de la vida,
diría que la mía tiene
tu nombre y apellido,
y que no hay instante en que no sonría
si me llamas «vida mía».

Si me hablaran de estrellas,
hablaría de tu mirada,
y si hablaran de delirios,
pensaría en tu sonrisa.

Si me hablaran de colores,
hablaría de tus ojos,
que el amarillo y verde
son mis favoritos.

Si me hablaran de condena,
hablaría de tu voz,
porque cometería delitos
con tal de siempre escucharte llamarme
«amor».

TÚ Y YO

Así es el amor,
yo te dedico risas, besos y poemas,
tú me dedicas tiempo, caricias, tu voz.
Yo te doy locura,
tú me devuelves la calma.
Organizamos nuestra vida,
desorganizamos la cama.
Tú me das las ganas de vivir,
yo te entrego mi vida.
Tú me quitas los miedos,
yo te doy el amor.
Me curas las heridas,
yo te abrazo el corazón.

Así es el amor.
Somos tú y yo.

ENAMORADA

Enamorarme cientos de veces es el plan,
pero solo de ti.
No me interesa nadie más,
solo tus ojos, tu risa, tu voz.
Tu oscuridad, tus miedos, tus manías.

Supongo que estoy demasiado ocupada
siendo tuya
como para ser de alguien más.

AGRADECIMIENTOS

Escribir este libro ha sido una de las cosas más maravillosas de mi vida.

Todo empezó por escribir notas en el móvil y hoy puedo decir que he cumplido uno de mis más grandes sueños. Ha tomado bastante tiempo de mi vida en el que he reído, llorado y amado.

Agradezco a mi familia por apoyarme y no dejar que me rinda, a Sheyla por estar a mi lado siempre, y a mi pareja por ser la inspiración en más de la mitad del libro. Y, sobre todo, por demostrarme que el amor real existe.

Pero en especial a ti, Laura, mi pequeña. Por ser mi mayor admiradora desde que escribía las notas en el móvil, por ayudarme, motivarme y confiar en mí desde el principio. Por alegrarte por mis sueños como si fueran los tuyos. Este libro va por ti.

Gracias a cada persona que ha llegado hasta esta página por darme la oportunidad de leer mi historia y comprender mis versos.

ÍNDICE